RODULFO GONZÁLEZ

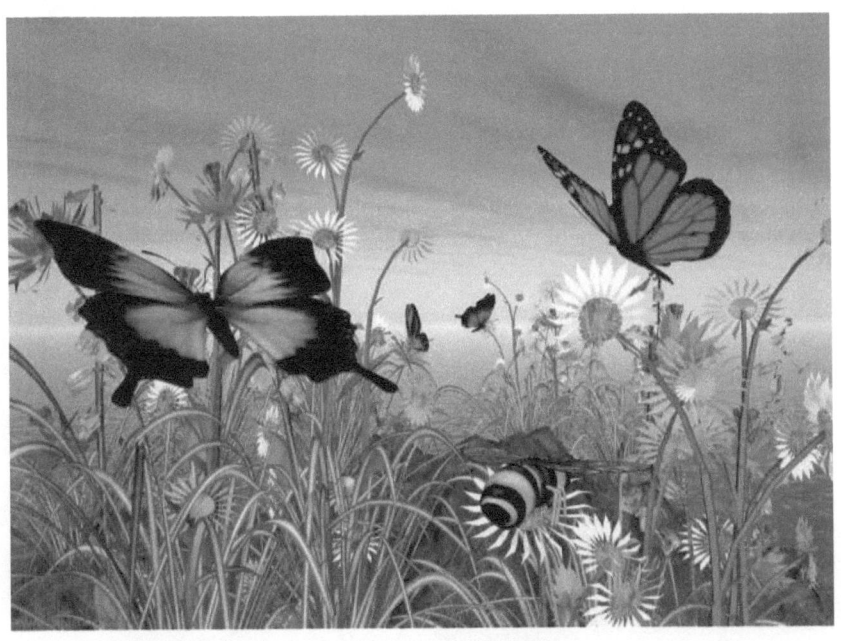

Entre Sueños

Isla de Margarita, Estado Nueva Esparta,
Venezuela.
Noviembre de 2019

Producción:
Centro de Investigaciones Culturales Neoespartanas
(CICUNE)
cicune@gmail.com

INDICE

PALABRAS INICIALES

Desde hace milenios, los textos que constituyen
este breviario poético, para llamarlo de alguna
forma, pugnaban por salir a flote en el lago de mi
memoria, cansada ya de tanto trajinar, para no
morir ahogadas.

Salieron a flote gracias a ese maravilloso
descubrimiento, de data reciente, que es el
Internet, río inconmensurable de conocimiento que
se actualiza diariamente.

Parte de mi vida pasada y reciente está plasmada
en cada poema, en los breves y en los menos
breves.

Vida preñada de alegría y tristeza, de tropiezos y
caídas, de recuerdos y olvidos, de amor y desamor,
de esperanzas y promesas, de luz y oscurana, de
donde he extraído enseñanzas únicas que me han
permitido ser fuerte ante la adversidad y
levantarme con mayor brío ante tantas caídas.

El Autor

Eladio Rodulfo González Nació en el caserío Marabal, hoy en día parroquia homónima del Municipio Mariño del Estado Sucre, Venezuela.

Es Licenciado en Periodismo, Trabajador Social, Investigador Cultural y Poeta.

Todo cuanto escribe, en prosa o verso, lo firma con sus dos apellidos, ***Rodulfo González***.

Publica diariamente los Blogs: "Noticias de Nueva Esparta"[1] y "Poemario de Eladio de Eladio Rodulfo González"[2], Es miembro fundador del Colegio Nacional de Periodistas, Seccional Nueva Esparta. Pertenece a la Sociedad Venezolana de Arte Internacional.

En formato digital ha publicado los libros: Dos localidades del Estado Sucre, Textos

---

[1] Disponible en: https://noticiasdenuevaesparta.blogspot.com

[2] Disponible en: https://poesiapoliticavenezuela.blogspot.com

Periodísticos Escogidos, Textos Periodísticos Escogidos 2, El Municipio Marcano del Estado Nueva Esparta, Patrimonio Cultural Mariñense, Cristo en la devoción religiosa católica neoespartana, Festividades Patronales Mariñenses, La Niña de Marabal, La Quema de Judas en Venezuela, La libertad de prensa en Venezuela, Poesía Política, El Municipio Gómez del Estado Nueva Esparta, Elegía a mi hermana Alcides, Cien Sonetillos, La Niña de Marabal, Cuatro periodistas margariteños, La historia de Acción Democrática en tres reportajes periodísticos, Festividades patronales del Municipio Antolín del Campo, La Virgen María en la devoción religiosa de Margarita y Coche, Festividades patronales del Municipio García del Estado Nueva Esparta, Venezuela, Festividades patronales del Estado Nueva Esparta, Mosaicos Líricos, Nuestra Señora de Los Ángeles, patrona de Los Millanes, La Hemeroteca Loca, La Hemeroteca Loca 2, Hemeroteca Loca 3, La Hemeroteca Loca 4, La Hemeroteca Loca 5, La Hemeroteca Loca 6, La Hemeroteca Loca 7, La guerra del dictador Nicolás Maduro contra comunicadores sociales y medios desde enero hasta mayo de 2018, Alegría y tristeza, La Quema del Año Viejo en América Latina, La Quema de Judas en Venezuela, 2013-2014, La Quema de Judas en Venezuela 2015, La Quema de Judas en Venezuela, Covacha de sueños, ¡Cómo dueles, Venezuela!, Encuentros y desencuentros, Ofrenda lírica a Briceida, Catorce años de periodismo margariteño, Guarumal, Primera Antología de poemas comentados y destacados, Segunda Antología de poemas comentados y destacados, Tercera Antología de poemas comentados y destacados, Cuarta Antología de poemas comentados y destacados, Brevedades líricas, Grandes compositores y compositoras del bolero, Grandes intérpretes del bolero, La guerra asimétrica del dictador Hugo Chávez contra comunicadores sociales y medios desde 1999 hasta 2003, La guerra asimétrica del dictador Hugo Chávez contra comunicadores sociales y medios 2004, La guerra asimétrica del dictador Hugo Chávez contra comunicadores sociales y medios 2005, La guerra asimétrica del dictador Hugo Chávez contra comunicadores sociales y medios 2006, La guerra asimétrica del dictador Hugo Chávez contra comunicadores sociales y medios 2007, La guerra asimétrica del dictador Hugo Chávez contra comunicadores sociales y medios 2008, La guerra asimétrica del dictador Hugo Chávez contra comunicadores sociales y medios 2009 Poemas disparatados, Guarumal y Gobernadores contemporáneos del Estado Nueva Esparta.

Entre sus publicaciones en papel se cuentan El Gallo en el Arte, la Literatura y la Cultura Popular, Pelea de Gallos, Patrimonio Cultural Mariñense, Festividades Patronales Mariñenses, La Desaparición de Menores en Venezuela, Problemas Alimentarios del Menor Venezolano, Niños Maltratados, Háblame de Pedro Luis, Siempre Narváez, Estado Nueva Esparta:1990-1994, Caracas sí es gobernable, Carlos Mata: Luchador Social, Así se transformó Margarita, Margarita y sus personajes (cinco volúmenes; Vida y Obra de Jesús Manuel Subero, La Mujer Margariteña, Breviario Neoespartano, Margarita Moderna, Festividades Navideñas, Cuatro Periodistas Margariteños, Morel: Política y Gobierno, Manifestaciones Culturales Populares de la Isla de

Coche, Francisco Lárez Granado El Poeta del Mar, El Padre Gabriel, Manifestaciones Culturales Populares del Municipio Gómez, Manifestaciones Culturales Populares del Municipio Marcano, Ofrenda Lírica a Briceida, Marabal de Mis Amores, La Niña de Marabal, Elegía a mi Hermana Alcides, Dos Localidades del Estado Sucre, La guerra del dictador Hugo Chávez contra comunicadores sociales y medios 2004, La guerra del dictador Hugo Chávez contra comunicadores sociales y medios 2005, La guerra del dictador Hugo Chávez contra comunicadores sociales y medios 2006, La guerra del dictador Hugo Chávez contra comunicadores sociales y medios 2007, La guerra del dictador Hugo Chávez contra comunicadores sociales y medios 2008, La guerra del dictador Hugo Chávez contra comunicadores sociales y medios 2009, La Hemeroteca Loca IV, La Hemeroteca Loca V, La Hemeroteca Loca VI, Nuestra Señora de los Ángeles patrona de Los Millanes y los trípticos literarios A Briceida en Australia, Colorido, Elevación, Divagaciones y Nostalgias.

En formato CD ha publicados los libros Publicaciones en CD. La Libertad de Prensa en Latinoamérica y otros textos, Festividades Patronales Mariñenses, Elegía a mi Hermana Alcides, La Niña de El Samán, Marabal de Mis Amores, Festividades Patronales del Municipio Villalba y Festividades Patronales del Municipio Antolín del Campo.

Twitter: @mauritoydaniel

POEMARIO

PROFANACION 2

Ya los difuntos
no descansan en paz
en sus sepulcros.
Profanación.

FATALIDAD

Sólo en segundos
mis sueños milenarios
añicos se hicieron
por la fatalidad.

RECONSTRUCCIÓN

Cual sabio antiguo
reconstruí mis sueños
para gustar
los placeres vitales.

HERIDA

Hieren palabras
de odios y rencores
cual filosos cuchillos
al receptor.

GANANCIA

Al mundo vine
sin nada que cubriera
mi frágil cuerpo
y lo que tengo es ganancia.
Y moriré
sin siquiera saber
qué vine a hacer.

DESIGNIOS

Tus designios, Señor,
no desafío,
aunque en mis hombros lleve,
como Tú, una cruz.
Yo, Señor, sufro
cual todo el colectivo
venezolano
de la inseguridad
su cruel efecto.
Miedo, terror
del policía, del hampón,
y del guardia nazional
que a mansalva mata
al pueblo que protesta
porque tiene hambre
de libertad y comida
que el tirano le niega.

NIDO

Ave de paso,
¡Oh! no quiero que seas
en mi covacha.

Haced tu nido
para siempre, bien mío,
en sus entrañas.

MALTRATADORES

¡Qué crueles son
los padres que maltratan
al débil hijo!

OJOS APAGADOS

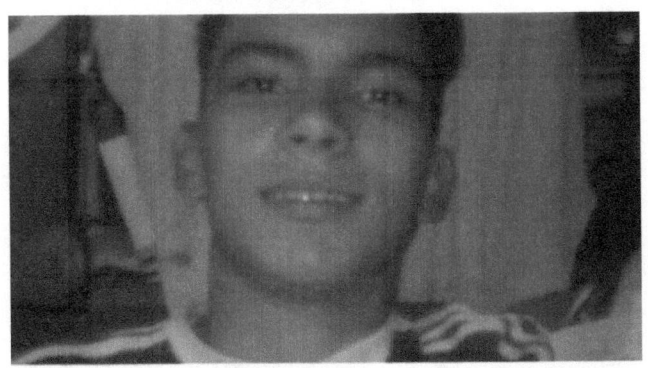

Al niño Rufo Chacón
un policía criminal
con balines infernales
sus dos ojos apagó.
¡Qué triste está Venezuela¡
El mundo está conmovido.
En las montañas andinas
se oyó un grito de impotencia:
¡Cómo se puede atentar
contra un niño que tan sólo
protestaba, con su madre,
por la carencia de gas!
Dios es grande, escribió,

una dama esperanzada,
y pronto verás el cielo
de tu patria escarnecida
por asesinos cobardes,
que a todos los niños quiere,
robar la luz de sus ojos
para que observar no puedan
la destrucción del país
y luchar valientemente
contra tanta iniquidad.
Yo, niño Rufo,
mis ya viejos ojos,
te regalaría
si posible fuera
para que a Caracas vieras
y sus atrocidades
y contemplaras el rostro
de hiena rabioso
de quien con saña te sumió
en el mundo de las sombras
y la cara de monstruo
de quienes ordenaron
privarte de tus ojos.
Esa siniestra cadena de mando

que contra el pueblo

dispara sus letales armas

para acallar las protestas

por los malos servicios

de salud, gas, agua, electricidad,

carencia de comida y medicina.

Tú volverás, niño Rufo,

a recobrar la luz.

Jesucristo le devolvió la vista

al ciego de nacimiento

con fango húmedo

sobre sus párpados.

Él obrará el milagro

con auxilio de la ciencia médica.

Verás nuevamente las montañas

de tu Táchira andina

y volverás a ser

un niño esperanzado

de lograr tus objetivos

en la academia

para brindar a Venezuela

el fruto de tu esfuerzo.

Esos criminales que te agredieron

son unos miserables,

engendros del diablo,
basura de la historia,
seres inhumanos
que todos desprecian.

GOLONDRINA

¡Oh golondrina!
no detengas tu vuelo
tan misterioso,
tan singular.
¿A donde vas?
¿Quién te espera? Decídmelo.

PRIMAVERA

Flor de la vida.
Divina primavera
¿Por qué te vas
sin conocerte?

COCUYO

Tiene luz propia
para librar de sombras
la negra noche
brotada de fantasmas.

CREPÚSCULO

El mar se traga
cuando muere la tarde
al sol radiante
que volverá mañana.

CONOTO

En el alto árbol
su colgante morada
hace el conoto.

RUIDOS

Son fascinantes
los multiformes ruidos
del verde bosque.

ESPEJO

En el espejo
plata del manantial
brillan estrellas.

APURO

Anda apurado
el bullicioso río
para ir al mar.

OTOÑO

Caen las hojas
de los frondosos árboles
en el otoño.

GLORIAR

Esparce, río,
tu delicia en el cuerpo
de la mujer amada
para gloriarla.

DESESPERANZA

Ya mis palabras

cabalgan en el viento

¡Desesperadas!.

DORMIR

No me vencieron,
fantasmas de la noche,
y dormir pude.

DUENDES

Huyeron raudos
los duendes de la infancia
cuando llegó
la adultez a la vida.

PIEDRAS

En el camino siempre
encontré piedras
y adelante seguí
al evadirlas.

AÑORANZA

Marabal de mis amores
¡Qué lejos estás de mí!
entre tus montañas vi
bellezas multicolores.

En mis sueños siempre estás
y en mis triunfos y derrotas.
Mis sandalias están rotas
de mucho camino andar;
yo no quise desmayar
sobre la alfombra de flores
mis tristezas y dolores
en mi empeño de llegar
hasta la cumbre y gritar:
¡Marabal de mis amores!

Tanta belleza, Dios mío,
se esconde en Agua Caliente.
Es musical la vertiente
de su prodigioso río.

La calidez y su frío
sobre mi cuerpo sentí
las veces que me metí
en tu agua sulfurada.
¡ay mi tierra tan amada!
¡Qué lejos estás de mí!

¡Ay, Marabal!, quién pudiera
otra vez en tus paisajes
envolver con sus encajes
mi vida sin primavera
apoltronada en la vera
de un camino carmesí
que angustiado recorrí
sin lograr lo que quería.
La belleza y la armonía
entre tus montañas vi.

El canto del cristofué
al borde de la ribera
¡Cómo sentirlo quisiera
cuando mi tristeza esté
sumergida en santa fe!
Mis penas y sinsabores

desaparecen con flores
en bálsamo convertidas.
En el cielo están prendidas
bellezas multicolores.

INTERROGACIONES

Estoy cansado
de tanto sufrimiento.
¿Me aliviarías?

Estoy muy triste
por tanta soledad.
¿Me alegrarías?

Me mata el frío,
me consume el calor.
¿Me arrullarás?

La sed agobia
mi humanidad desértica
¿Me darás agua?

Siento hambre atroz
y mi cuerpo enflaquece.
¿Me ofrecerás pan?

SANACIÓN

Las penas del espíritu
sólo el amor
por siempre sanará
¡oh vida mía!

TIRANOS

En la casa del mal
¡Cuán a gusto se sienten
los tiranos del mundo!
Hienas rabiosas
que niños matan
y privan de sus ojos,
desfiguran sus caras
por protestar.
Herodes redivivo
Stalin tropical
hijos de Chávez
vestidos de maldad.
Seguidores del Diablo.
Alumnos de Sai Baba
el siniestro gurú
de la India inmortal.
Hijos de Fidel Castro
el tirano de Cuba.
Adeptos del villano
Ernesto Che Guevara

el médico asesino
de miles de cubanos.
No quiero en Venezuela
más tiranías chavistas.
Quiero la libertad,
quiero la democracia
con sus imperfecciones.
¡Que viva Venezuela!
¡Muera la dictadura
corrupta y criminal!

DEMOCRACIA

Ven, democracia,
a romper las cadenas
que mutilan el cuerpo
de Venezuela.

EFÍMERA

Las flores del camino
vida efímera tienen
las pobrecitas.
Y nacen otras.

CARENCIA

En Venezuela,
los niños mueren
por balas asesinas
o por carencias.

TROPEZÓN

Un tropezón
cualquiera da en la vida,
dice el refrán.
Yo he tropezado
muchas veces
y me he levantado, adolorido,
y he continuado mi camino
con más brío,
y he llegado a mi destino.

CRIMINALES

Por orden de Maduro,
el criminal
usurpador del cargo
de presidente,
las fuerzas represivas
torturan a los presos
comunes o políticos
con electricidad,
con cigarrillos
que queman sus cuerpos,
con palizas inhumanas,
o los matan con torturas
o lois lanzan desde un edificio
hasta el suelo.
Y a los niños que protestan,
por gas o apagones,
los enceguecen a quemarropa
con perdigones de muerte,
o les quitan un ojo,

o los mutilan.

Y a los estudiantes maltratan

con disparos o tanquetas asesinas.

La justicia divina

y la justicia humana,

de Venezuela o La Haya,

les cobrará con creces

sus crímenes de lesa humanidad.

Muy pronto, cuando en el país

renazca con mayor mayor fuerza

la democracia secuestrada

hace dos decenios.

¡Viva Venezuela libre de criminales

Investidos de autoridad!

SILENCIOS

Silencios fríos,
silencios conventuales
sacralizados.
Silencios cálidos,
misteriosos, tremendos,
envueltos en música.
Silencios cómplices,
silencios que delatan,
silencios que invitan
al amor pleno,
a la insensatez ebria
de tolerancia.
Silencios míos,
silencios taciturnos
que hablan y callan.

Silencios tímidos,
silencios sepulcrales
de negro traje.

¡Tantos silencios
atormentan mi vida

y la amortajan!

¡Tantos silencios
cabalgan libremente
entre mis sueños!

¡Tantos silencios
descansan felizmente
en mi memoria!

Sin mis silencios,
eternos compañeros
de mis cánticos,
soportar no podría,
estoicamente,
tanta infelicidad.

Jamás se vayan
mis amados silencios
de cuanto quiero.

NACIMIENTO

En El Placer
de mi dolida infancia
¡Oh poesía!

naciste ingenua,
montuna, temerosa
como mi vida.

Sombra de guásimo
protegió su piel débil.
Las guacharacas

serenateras
ruidosas y silvestres
te sublimaron.

Y en el archivo
de mi rural memoria
permaneciste

apoltronada
en mi covacha-sueño

ya milenaria.

Y despertaste,
pletórica de luz,
agigantada

a desplazar,
vestida de lirismo,
tanto silencio.

EXTRAVÍOS

Mis extravíos
duermen en tu silencio
con placidez.

Ando perdido
en la selva de tu amor.
¡No tengo brújula!

Y silencioso
disfruto del cricrí
de un loco grillo.

Salir no quiero
de tu tupida selva
tan armoniosa.

Tan atractiva.
De misterio encantada.
En magia envuelta.

Selva bendita.
Cómplice necesaria

de mi locura.

RELAX

A mi covacha
fui sigilosamente
y me esperabas.

Te pregunté:
-¿Acaso mis silencios
música son?

¿Viajas con ellos
hacia perdidos orbes
de luz ufanos?

Me contestaste:
"Tus silencios cautivan,
al amor llaman".

"Místicos son.
Irradian luces únicas
que al relax llaman".

Te respondí:
"¿Te quedarás?

¿Meditarás conmigo?"

"¿Serás rocío
para regar mis sueños
casi reales?".

Nada dijiste.
Callaste y tu mudez
se hizo elocuencia.

DERROTA

La sombra fue abatida
por el fulgor
de tus ojos de luz,
amor radiante.

PRINCESA

Si tú fueras princesa,
prisionera de un ogro,
yo te rescataría
con mi lanza de fuego
y tu bufón sería,
encantadora niña
brotada de belleza
de alma enternecida.
Inspiración soñada,
numen de mis poemas.

RIQUEZA

Quiero riqueza
para hacer el bien
entre los pobres.
Quiero riqueza
para abrigar
a quien el frío
invernal hiere.
Quiero riqueza
para saciar
el hambre atroz
de los mendigos.
Quiero riqueza
para dotar
al estudiante
de becas dignas.
Quiero riqueza
para llevar
atención médica
a los enfermos
que nada tienen
y devolverlos

a feliz vida,
Quiero riqueza
para vestir
al harapiento.
Quiero riqueza
para dotar
de casa digna
al destechado,
Quiero riqueza
para sacar,
sí, de la calle,
a la niñez
abandonada.
Quiero riqueza
para salvar
mis pobres libros
y mis periódicos
de comejenes
y polvo inclemente.

RENDICIÓN

Mueren las esperanzas
de los guerreros
que prefieren rendirse
antes que luchar.

PRÉSTAMO

Toma mis ojos,
niño Rufo,
para que puedas
ver del cielo azul
la luna llena
y sus estrellas.
y penetrar
en las entrañas
del Internet
para jugar,
para aprender.
Pero eso sí,
cuando ver puedas
me los devuelves.

TREPAR

Pasajera nocturna,
de gracia llena,
deja que trepe
a tu veloz carruaje.

ALEBRESTADO

Pasajera del mar,
besa tu rostro
el viento de salitre
alebrestado.

DOLENCIA

Tengo luto en el alma,
tengo hiel en las venas.
¡Esta ausencia de calma
cómo nutre mis penas!

Tengo agrias las manos,
tengo icor en la faz.
¡Cómo rondan gusanos
en mi vida sin paz¡

Tengo roca en los dientes,
tengo sal en los dedos.
Dos macabras serpientes
me consumen de miedo.

¡Cómo sangran mis ojos!
¡Cómo sangra mi piel!
¡Cómo caen mis despojos
por la tierra de hiel!

¡Cómo escapa en la brisa
de la tarde fatal
la doliente sonrisa
de mi vida letal!

AÑORANZA 2

En mis sueños siempre estás;
y en mis triunfos y derrotas.
Mis sandalias están rotas,
pero nunca me verás
huyendo de mi destino.
A la vera del camino
embellecido con flores
tus recuerdos evoqué
y hasta el cansancio lloré
¡Marabal de mis amores!

MARIPOSAS

Las mariposas
de múltiple belleza
besan las flores.

MARAVILLA

Noche preñada
de luceros fugaces.
¡Qué maravilla!

DESMAYO

Luz desmayada
en los brazos del mar
enfurecido.

CANDIDEZ

Mensajera nocturna
envuelta en nubes
y luces plata.
Eres tan cándida
cual sonrisa infantil,
cual mis versos.
cual mi llanto,
cual la bondad.
Llévale a mi amada
de virtual linaje
una rosa, un clavel,
un manojo de orquídeas
y dile en mi nombre
que su orilla y la mía
ni el tiempo ni el espacio
las tiraniza.
Son amor infinito.
Gracia sumergida
en las entrañas de un mar
que sólo ella, lejos,

y yo, distante
cabalgamos sin prejuicios
en nuestra barca de sueños
azules, verdes y encarnados.

PRADERA

En la pradera,
de verde grama,
caen mi sueños
hechos añicos.

VENGANZA

Pinchó la rosa
-amarillo oro-
la ruda mano
que profanó al rosal.

CANCIÓN

Canta, turpial
de lírica garganta
una canción.
¡Se alegrará mi amada¡

ORFEO

Pulsa tu lira, Orfeo,
para que Eurídice,
la eterna amada,
no esté tan triste.

PAZ

No quiero guerra, sino paz
en todos los confines de este mundo
con fuerza duradera, no fugaz.
Lo digo con fervor profundo.

Quiero genuina democracia
que pueda desterrar toda violencia.
Quiero que reine la eficacia
que evite de la guerra su presencia.

Quiero tranquilidad, no los tambores
horripilantes de la guerra
que mata al ser humano, que amedrenta.

No quiero padecer los sinsabores
de la tanqueta que destierra
toda huella de paz y atormenta.

ABANDONADOS

No tienen techo ni comida.
¡Pobrecitos! Niños abandonados
que bregan solos en la vida
por ser de la fortuna desplazados.

Visten harapos, piden pan,
andan solos o en grupos pandilleros,
y expuestos al peligro están
de maltratos por agentes severos.

Por esas calles peligrosas
deambulan estas víctimas del mal
de una sociedad inclemente.

La caridad de almas piadosas
Imploran. Pero el destino fatal
los lleva a vidas crueles, borrascosas.

PLENILUNIO

Me dijiste: ¡Amorcito!
Respondí: ¡Corazón!
La luna desmayada
es un poema triste
brotado de emoción
Pronto en sí volverá.
Tal vez mañana
cuando los rayos
del sol anuncien
que el día llegó.
O en plenilunio.
O con la noche.

BLOQUEAR

No puede el dictador.
que a Venezuela oprime,
impedir que el mundo sepa
que asesina y tortura
al pueblo que valiente
se enfrenta a sus matones
por pedir libertad.
Bloqueará los portales,
cerrará los periódicos,
las radios y las televisoras
del aire sacará
gracias a la CONATEL
la censora oficial,
especie de verdugo
que asesina la libertad
de prensa y expresión
Matará periodistas.
Reducirá la Internet
a mínima expresión.
Pero por otros medios

el mundo democrático
sabrá que en Venezuela
la narcodictadura
de Nicolás Maduro
está matando al pueblo
con balas asesinas
y con las cajas Clap.
Con hambre colectiva,
Con el terror del FAES.
Con gases lacrimógenos.
Con la escasez de fármacos
y centros hospitalarios.

ENTRE SUEÑOS

Yo no lo puedo explicar,
ni tampoco comprender.
¿Cómo te puedo querer
si no te dejar amar?
Al cielo he de preguntar
cabalgando mi dolor

¿Por qué no me da su amor,
que busco con tanto empeño,
la mujer que entre mi sueño
es pétalo de mi flor.

Esa flor has de lucir
en tu cabello algún día
para llenar de alegría
mi entristecido vivir.
¡Oh mujer! quiero sentir
la milagrosa emoción
de tener tu corazón
engarzado con el mío

para sentirme tu río
y sentirme tu balcón.